AF338520

LA FIN

DES

RÉVOLUTIONS

PAR

PAUL GARBOULEAU

DOCTEUR EN DROIT

MEMBRE DE LA SOCIÉTÉ D'ÉCONOMIE POLITIQUE DE PARIS

Prix : 1 Franc

PARIS

LIBRAIRIE INTERNATIONALE

A. LACROIX, VERBOECKHOVEN ET Cie, LIBRAIRES-ÉDITEURS

15, boulevard Montmartre, et 13, rue du Faubourg-Montmartre

1871

MONTPELLIER, IMPRIMERIE L. CRISTIN ET Cᵉ, RUE VIEILLE-INTENDANCE, 5.

Pourquoi cette troisième brochure?

Dans les deux derniers écrits politiques que j'ai publiés, l'un en octobre 1870, sous le titre : *l'Assemblée constituante, la République et le Parti conservateur;* l'autre, en juillet 1871, sous le titre : *le Parti conservateur et la Situation actuelle,* j'engageais les conservateurs à adopter une fois pour toutes la forme républicaine comme système de gouvernement, et, en instituant un régime durable, à rompre avec cette politique d'expédients qui, de révolution en révolution, nous conduit à l'abîme.

Je partais de ce point, que l'expérience du passé avait dû convaincre tous les conservateurs de la nécessité de suivre enfin une ligne de conduite politique bien déterminée, et de mettre désormais, par leurs sept millions de suffrages, le pouvoir de leur choix à l'abri de toute atteinte. Je croyais que la discussion ne pouvait s'élever que sur la meilleure forme de gouvernement à adopter, mais je ne supposais pas que la question de savoir si les conservateurs devaient enfin se transformer en un grand parti politique militant, et ne plus abandonner la France aux mains de ceux qui se la disputent depuis bientôt un siècle, pût donner matière à controverse.

Je m'étais trompé.

Dans un article sur ma dernière brochure, publié dans l'un des organes les plus répandus de la presse départementale[1], M. Félix Devel a soutenu la thèse contraire. D'après lui, « la »ligne de conduite des conservateurs ne doit pas être modi- »fiée.... leur force est dans l'absence de tout système politique, »dans cette liberté d'action qui leur permet de voter avec tel »ou tel parti, dans la faculté merveilleuse donnée aux masses »pour saisir la vérité du moment. »

Je suis donc forcé de reprendre la plume pour combattre cette théorie de politique au jour le jour. Je vais m'efforcer de démontrer que c'est elle qui nous a précipités dans le chaos dans lequel nous nous trouvons, et que ce n'est qu'un changement radical dans la conduite des conservateurs qui peut clore l'ère des révolutions.

P. Garbouleau.

Montpellier, le 1er octobre 1871.

---

[1] Voir, à l'Appendice, la polémique échangée à ce sujet entre M. Félix Devel et moi, dans le *Messager du Midi* des 3, 5 et 6 août 1871.

LA

FIN DES RÉVOLUTIONS

Si l'on examine avec attention l'état des esprits en France et les manœuvres des partis, on ne peut, sans effroi, porter ses regards vers l'avenir.

La guerre vient de dévaster la moitié de notre pays ; deux de nos plus riches provinces nous sont enlevées ; nous avons cinq milliards à payer aux vainqueurs, et les Prussiens occupent une partie de notre territoire comme gage de l'énorme indemnité qui leur est due, prêts à intervenir dans nos affaires intérieures, s'ils ne trouvent pas dans le gouvernement des garanties suffisantes pour le payement.

D'un autre côté, tout principe de morale, tout sentiment d'abnégation, l'idée même de la patrie paraissent complétement éteints chez un grand nombre de nos concitoyens. Les appétits matériels, surexcités outre-mesure depuis vingt ans, ont atteint aujourd'hui leur paroxysme, et semblent ne voir dans notre désorganisation générale que l'occasion de se satisfaire par les moyens les plus arbitraires et les plus violents. Tandis que la *Commune* vient d'ajouter une page de sang et de boue à notre histoire déjà si troublée, l'Internationale étend de jour en jour ses ramifications qui vont bientôt nous enlacer de toutes parts, et les aspirations malsaines des couches inférieures de la société, habilement exploitées à l'aide des théories socialistes et communistes, menacent de nous engloutir dans une immense catastrophe sociale.

En présence de calamités si désastreuses, auxquelles on chercherait vainement des analogies dans l'histoire, on pouvait au moins espérer que la nation française se retremperait dans le malheur, et que la vue de la patrie sanglante et épuisée lui inspirerait une de ces résolutions suprêmes qui seules peuvent régénérer un peuple ; il était à supposer que, unis dans le deuil commun, tous les citoyens sentiraient l'indispensable nécessité d'éviter désormais ces secousses qui, en temps ordinaire, font perdre en un jour le fruit de vingt ans de paix et de travail, et dans un temps de crise peuvent précipiter un pays au fond des abîmes ; on aurait pu croire qu'ils laisseraient enfin de côté les questions de parti, et qu'ils en finiraient une fois pour toutes avec les révolutions.

Persuadés que le seul remède à la désorganisation sociale qui nous atteint ne peut se trouver que dans la régénération du pays — résultat qu'il serait chimérique de rechercher tant qu'on n'est pas sûr du lendemain, car il ne peut s'obtenir que par la transformation graduelle des mœurs poursuivie sans relâche pendant une longue période de calme et de tranquillité — ils devaient comprendre que le premier besoin du pays, et le seul moyen de le sauver, consistait dans l'établissement d'une forme de gouvernement solide et durable.

L'apaisement des esprits, et l'entente pour l'établissement d'un gouvernement définitif, permettant à la fois de nous libérer des charges qui nous écrasent et de refaire dans l'avenir l'éducation morale de la nation : telle devait être, en effet, l'unique préoccupation de tous.

Plus d'un an s'est écoulé depuis la chute de l'empire, plus de six mois depuis la signature de la paix ; quels progrès avons-nous faits dans cette voie ? Aucun.

En considérant l'attitude des partis et l'indifférence des conservateurs, on douterait presque de la réalité de toutes les catastrophes qui ont fondu sur notre pays ! Ne se croirait-on pas le jouet d'un rêve en voyant, devant le flot montant du socialisme, l'insouciance et la légèreté des uns, et les oiseuses dissertations des autres sur la question de savoir si c'est la monarchie ou la république qui est de droit divin, ou si l'assemblée nationale a ou non le pouvoir constituant? Ce n'est cependant pas, quand la maison est dévorée par l'incendie, le moment de discuter sur la couleur des tentures qui doivent la décorer.

Les partis n'ont pas l'air de se douter du danger que court la France ; ils sont loin d'avoir désarmé, et l'avènement du gouvernement de leur choix continue à être leur seul but, comme par le passé.

Aussi le pacte de Bordeaux est-il à chaque instant menacé. La prorogation des pouvoirs de M. Thiers, avec le titre de Président de la République, assure bien quelques jours de tranquillité au pays, mais il n'en résulte pas plus de solidité pour le gouvernement : ce n'est que la prolongation du provisoire. Il n'y a, en effet, qu'une trêve entre les partis, et encore cette trêve est-elle plus apparente que réelle ; chacun d'eux est à l'affut du moment propice pour s'emparer du pouvoir; au fond se trouvent les mèmes appétits et les mèmes passions ;

les prétendants sont aussi nombreux, promettant tous de faire le bonheur de la France ! Ils sont même plus nombreux qu'ils ne l'étaient il y a un an ; car les bonapartistes, qui semblaient avoir disparu de l'arêne politique, relèvent la tête à la vue de nos divisions intestines, et se demandent, eux aussi, pourquoi ils ne recouvreraient pas leur puissance passée.

On est censé faire l'essai loyal de la République, et les partis opposés cherchent à saisir toutes les occasions qu'ils croient favorables pour la renverser ; en attendant le moment d'y parvenir, ils s'efforcent de dépopulariser cette forme de gouvernement dans l'esprit des citoyens. La presse monarchique, tout en mettant au compte de la République les fautes que commettent le pouvoir et l'assemblée, affecte de demander que toutes les fonctions soient laissées aux mains des républicains *purs*, comptant sur la pénurie de ce parti en fait d'hommes pratiques et sur le poids de la liquidation de la guerre, dont ils lui attribueraient la responsabilité, pour amener sa chute. De leur côté, les journaux avancés profitent de l'équivoque de la situation pour, en cas d'insuccès, soutenir que l'essai de la République n'a pas été fait : l'assemblée et le ministère étant, d'après eux, composés en grande majorité de monarchistes qui ne cherchent qu'à rendre impossible l'établissement de cette forme de gouvernement. Quant à ce qu'il adviendrait de notre pays dans une nouvelle révolution, ni les uns ni les autres n'y songent guère ; ils semblent le considérer comme un sujet d'études ; on dirait que, partisans de la vivisection, ils ne se préoccupent pas de la gravité de l'expérience, et ne se demandent pas si la France est en état de supporter de pareilles épreuves.

Sommes-nous plus avancés au point de vue de la réorganisation du pays ? Non ; l'Assemblée nationale n'a pas su s'y consacrer exclusivement, et une grande partie du temps a été perdue en des discussions politiques qui n'ont eu et ne pouvaient avoir d'autre résultat que d'émouvoir inutilement le pays.

La loi électorale n'a pas été abordée; la Chambre s'est même séparée sans avoir assuré les moyens de faire face à tous les besoins du Trésor ; mais l'on doit surtout regretter que la loi sur l'organisation militaire n'ait pas été votée, car, à part son importance au point de vue de la défense nationale, il y a, dans l'obligation du service qui est la base du nouveau projet, un puissant moyen de moraliser les masses par la discipline sévère de l'armée, qu'on ne saurait trop tôt mettre en pratique. C'est une forte barrière à opposer aux idées dissolvantes qui ont cours aujourd'hui, et il n'est pas jusqu'au mélange des gens de toutes les conditions, sous l'uniforme français, qui ne puisse produire de féconds résultats; aussi était-il à désirer que l'on eût pu, dès cette année, profiter de ce moyen de moralisation.

Quoi qu'il en soit, nous sommes toujours dans la même situation, sans avoir fait un pas pour sortir de l'impasse dans laquelle nous nous trouvons.

Le provisoire dans lequel nous vivons, loin d'amener l'apaisement des esprits, n'a servi jusqu'à ce jour qu'à surexciter toutes les ambitions, et il n'y a rien à espérer de l'initiative des partis militants pour l'établissement d'une forme définitive de gouvernement. S'ils n'ont pas déjà désarmé après les avertissements qu'ils viennent de recevoir ; si la Commune et l'Internationale ne leur ont pas démontré jusqu'à la dernière évidence qu'il n'est que temps de réunir toutes les forces vives de la société contre l'ennemi commun ; si, en un mot, les récents événements ne leur ont rien appris, il ne faut pas s'attendre à les voir modifier leur conduite. D'ailleurs, tant qu'il n'y aura pas d'apaisement général, il ne serait pas sérieux de demander à tel ou tel parti d'abdiquer en faveur de tel

ou tel autre ; pourquoi celui-ci plutôt que celui-là ? Ne sont-
ils pas chacun en droit de répondre que le pays est avec eux
tant qu'un vote solennel n'a pas tranché la question ? Et puis
il en est beaucoup qui croient de bonne foi que la forme de
gouvernement de leur choix est la seule appropriée aux besoins
de notre pays. N'avons-nous pas entendu bien des fois répéter,
avec la plus entière conviction, que l'avènement de tel ou tel
prétendant suffirait à lui seul pour ramener en France la con-
corde et la prospérité ? Que faire en présence de pareilles illu-
sions ? Ne rien attendre d'aucun de ces partis, car leur ardeur
ne peut que s'accroître dans les circonstances actuelles où ils
se croient plus près du succès. S'il nous est ainsi bien démontré qu'il n'y a pas de modification à espérer dans leur
conduite, il nous faut examiner avec attention quel est l'avenir
qui nous attend, pour savoir si nous devons continuer à suivre
les errements du passé, ou si nous devons modifier complète-
ment notre conduite politique.

Il n'y a pas à se le dissimuler, et on ne saurait trop s'efforcer
de le faire comprendre au pays, le maintien du *statu quo*, c'est
la révolution passée à l'état endémique et la fin de la France
dans un temps donné et à très-courte échéance. Depuis quatre-
vingts ans, nous roulons de révolution en révolution. Nous
avons essayé de bien des formes de gouvernement, aucune n'a
duré vingt ans. A quoi cela tient-il ? Cela tient, d'un côté, au
grand nombre des partis qu'il y a chez nous, et, de l'autre, à ce
que chacun de nos gouvernements a été le gouvernement du
pays par et pour un parti, et non le gouvernement du pays par
le pays. A la différence de ce qui a lieu chez les autres nations,
dans la nôtre chaque parti s'incarne dans une forme spéciale de
gouvernement. Nous n'avons pas des wighs et des torys comme

en Angleterre, des républicains et des démocrates comme aux États-Unis, des catholiques et des libéraux comme en Belgique : nous avons des légitimistes, des orléanistes, des bonapartistes, des républicains, qui ne peuvent arriver au pouvoir que par un changement dans la forme du gouvernement, c'est-à-dire, par une révolution et avec tous les désastres qu'elle entraîne nécessairement à sa suite. Ce n'est pas une impulsion plus vive donnée à l'administration dans la voie du progrès ou, au contraire, une marche dans un sens rétrogade que demandent les uns ou les autres, non ; c'est avant tout le comte de Chambord ou le comte de Paris, ou un Bonaparte, ou la République incarnée dans tel ou tel homme.

Aussi, tant que les choses resteront dans cet état, il ne saurait y avoir de pouvoir durable Avec un nombre aussi considérable de partis, la périodicité des révolutions est inévitable, car celui qui est au pouvoir voit immédiatement tous les autres s'entendre pour le combattre. Un autre prend sa place, le parti vaincu se joint aux partis qui lui faisaient de l'opposition pour saper à son tour celui qui l'a renversé, et ainsi de suite. Ce résultat est forcé, il résulte de la nature des choses ; les partis coalisés étant plus forts que l'un d'entre eux isolé, au bout d'un temps plus ou moins long, celui contre lequel ils se réunissent doit nécessairement succomber. On peut d'autant moins compter sur quelque chose de stable, que les partis arrivés au pouvoir considèrent la France comme leur chose, et réservent exclusivement tous les emplois et toutes les faveurs pour leurs partisans ; aussi les ambitions sont-elles constamment surexcitées, et chaque parti, dans son impatience d'arriver, contracte-t-il les alliances les plus monstrueuses pour amener une nouvelle révolution, dans l'espoir qu'elle lui sera favorable.

Nous faisons en ce moment l'essai de la République. Est-ce

que la manière dont se conduisent les partis pendant ce temps permet d'espérer que l'on arrivera à quelque chose de durable? Supposez-la officiellement proclamée comme forme du gouvernement, vous représentez-vous les légitimistes, les bonapartistes, les orléanistes, l'adoptant sincèrement et sans arrièrepensée?

Aussi aurait-on grand tort de croire que telle ou telle forme de gouvernement puisse nous sauver ; que ce soit la République ou un d'Orléans, que ce soit Bonaparte ou le comte de Chambord qui gouverne la France, nous n'en avons pas pour dix ans, les choses restant dans le même état avant d'arriver à une nouvelle révolution.

On ne saurait trop insister sur la gravité de cet état de choses. Il importe de le faire sentir au public : que par les journaux, les brochures, les réunions, et tous les moyens de publicité dont on peut disposer, on amène chacun à réfléchir sur la situation actuelle, et qu'on lui fasse bien comprendre que continuer dans le même ordre d'idées, c'est rouler de chute en chute jusqu'au fond des abîmes. Relisez l'histoire, vous ne trouverez chez aucun des peuples qui ont disparu plus de causes de dissolution que nous n'en avons en ce moment en France. Un pays qui est nécessairement voué aux révolutions doit périr avant longtemps.

Tels sont les faits dans leur stricte vérité. Nous n'avons pas cherché à les assombrir. Ils nous montrent qu'il importe d'aviser au plus tôt. Mais quel moyen y a-t-il de sortir de cette impasse, si nous n'avons de salut à attendre d'aucun des partis en présence? Nous le découvrirons facilement si nous recherchons les causes qui, rendant les révolutions aussi faciles, ont amené la situation anormale dans laquelle la France se trouve aujourd'hui. Il n'est pas, en effet, dans les destinées d'un peuple, d'être constamment ébranlé par des convulsions périodiques qui ne permettent pas de compter sur un jour de tranquillité.

Cet état de choses tient à ce que les partis politiques, quoique très-nombreux depuis quatre-vingts ans, ne constituent en définitive qu'une très-faible minorité dans le pays qui reste étranger à leurs luttes. Le plus grand nombre des Français n'est ni républicain, ni légitimiste, ni orléaniste, ni bonapartiste. Il est ce que l'on est convenu d'appeler *conservateur* plus ou moins libéral; ne se rattachant à aucun système politique, il prend pour devise : Ordre et liberté. En fait, il n'a jamais rien conservé, ou plutôt il conserve tout, mais il ne s'oppose au renversement de rien. Il ne vit que d'expédients, obligeant la France à vivre de la même manière. Ne prenant pas part aux révolutions, il ne se montre que le lendemain du jour où l'une d'elles a triomphé, pour consolider le gouvernement qu'ont créé les hommes de parti qui ont excité le mouvement, croyant avoir tout fait quand il a assuré l'ordre pour le peu de temps que durera le nouveau pouvoir. Essentiellement sceptique sur la question de la forme du gouvernement, il n'en défend jamais sérieusement aucun, d'autant plus qu'aux époques de trouble il se tient prudemment à l'écart, laissant les partis se débattre entre eux. A voir sa conduite pendant ce temps, on le prendrait pour le spectateur d'une lutte qui ne l'intéresserait pas. Il ne semble pressé que d'une chose : de couronner le vainqueur, auquel il en veut cependant de l'avoir dérangé de ses affaires. Ayant rétabli la tranquillité pour quelques années, il reprend ses occupations ordinaires, et paie les frais de la révolution ou de la guerre sans trop murmurer, car il finit par s'y habituer. Il regrette, sans doute, la fréquence des changements de pouvoir, mais il ne se demande pas ce qu'il pourrait faire pour les éviter, et il se désintéresse de nouveau des questions politiques, sans plus s'occuper du nouveau gouvernement qu'il vient de consacrer, qu'il ne s'est occupé de celui qui l'a précédé. Il ne songe à lui que pour le rendre responsable des vexations d'un commissaire de police, des tracasseries d'un garde-champêtre ou de la grêle qui a emporté une partie de sa récolte. En un mot, les affaires publiques sont pour lui choses ennuyeuses ; ce n'est pas d'ailleurs son métier ; il y a des gens payés pour s'en occuper. Voter même est fatigant ; cela l'oblige, le dimanche, à retarder d'une heure sa partie de plaisir, et les élections deviennent si fréquentes, qu'il se promet bien de se déranger de moins en moins. Aussi les abstentions sont-elles de plus en plus considérables.

Ne nous y trompons pas, c'est à cette indifférence complète des conservateurs, indifférence dont quelques-uns se font même un titre de gloire, que l'on doit attribuer l'état actuel de notre pays. Ce sont eux qui sont responsables de nos révolutions, parce qu'ils n'ont pas de système politique. S'ils étaient attachés à une forme de gouvernement, il n'y aurait pas de mouvements sérieux à redouter. Il ne pourrait y avoir que des émeutes sans importance, qui seraient impuissantes à rien créer, parce que le pouvoir qui en serait issu serait nécessairement renversé au premier scrutin.

Mais la conduite des conservateurs est tout autre : n'ayant aucun principe en matière de gouvernement, et ne se bornant qu'à consacrer le fait accompli pour rétablir au plus tôt un calme momentané, ils ne font que surexciter l'ardeur des partis, en leur donnant à tous des espérances, au lieu d'amener la conciliation et l'apaisement. Chacun d'eux sait, par expérience, qu'il n'a qu'à s'emparer du pouvoir pour s'y maintenir, et qu'un vote lui sera toujours favorable au lendemain de la révolution qu'il aura faite. Plutôt que de voir renaître immédiatement les jours de trouble qu'ils ne traversent jamais sans effroi, les conservateurs l'acclameront avec ensemble. De même qu'ils ont voté pour l'empire, ils voteront pareillement pour la république, le gouvernement parlementaire ou la dictature.

Bien plus, avec cette politique d'expédients au jour le jour, le pays en arrivera bientôt aux émeutes militaires, les prétendants ne pourront même pas se compter, et les révolutions se reproduiront à des intervalles de moins en moins éloignés, jusqu'au moment où la France, complétement épuisée par ces secousses continuelles, deviendra la proie de quelque ambitieux voisin.

Et qu'on ne dise pas que « il vaut mieux pour notre bonheur mettre en avant des espérances qui nous animent que des craintes qui nous découragent », qu'il n'y a pas à se préoccuper, car la France, malgré ses quatre-vingts ans de révolutions, serait en pleine prospérité sans la guerre entreprise follement contre la Prusse, et, avec le temps, elle reprendra sa splendeur passée ! Croire qu'il n'y a qu'à laisser faire, le temps serait excessivement dangereux. Il est peut-être déjà bien tard pour se sauver ; et de ce que la France a pu supporter quatre-vingts ans de révolutions, il faudrait bien se garder de conclure qu'elle pourrait encore supporter d'aussi nombreuses commotions, car il y a aujourd'hui dans la question un élément de plus, qui ne saurait être négligé. On doit compter avec un nouveau parti bien plus puissant et bien plus dangereux que tous les autres, un parti qui n'est pas scrupuleux dans le choix des moyens, et qui, s'il n'y a pas enfin union et discipline chez les conservateurs, aura aussi pour lui le nombre, de telle sorte qu'il n'aura que l'embarras du choix dans l'arme qui doit lui servir à détruire la société : le pétrole ou le bulletin de vote. Ah ! si, il a quatre-vingts ans, le parti des communeux, des socialistes et de l'Internationale avait eu la force qu'il a aujourd'hui, et s'il s'était mêlé de faire des révolutions, il y a longtemps que la France n'existerait plus. Ce n'est pas, en effet, une forme de gouvernement qui est l'objectif de ce parti ; c'est l'anéantissement de la société qu'il prétend refondre à sa guise, en mettant tous ses membres sur un nouveau lit de Procuste. Si la France a survécu jusqu'à aujourd'hui aux troubles qui l'ont périodiquement agitée ; si elle a pu chaque fois réparer ses désastres, c'est que, ainsi que nous l'avons déjà dit, les révolutions n'étaient que le fait de partis peu compacts ; l'immense majorité du pays y restait étrangère, et apprenait avec stupeur, un matin en s'éveillant, que le gouvernement de la veille était remplacé par un autre ; mais le souffle de la révolution ne faisait qu'effleurer la surface sans pénétrer profondément ; n'arrivant pas aux couches inférieures, il n'ébranlait pas gravement les assises de la société, et la masse de la nation reprenait vite ses travaux.

Actuellement il n'en serait plus ainsi. Aux questions politiques viendront désormais se mêler les questions sociales, et chaque révolution nouvelle aura des conséquences incalculables, en présence des appétits matériels excités aujourd'hui au plus haut degré dans les bas-fonds de la société, où ils se traduisent par ces mots caractéristiques : « Nous voulons jouir à notre tour » : ce qui veut dire partage des biens, abolition du capital, anéantissement de la famille ; en un mot, suppression de toutes les lois économiques et morales.

Il ne faut donc pas s'endormir dans un sommeil fatal, et s'exposer volontairement à être réveillés tout à coup par une formidable explosion sociale, au milieu de laquelle nous ne pourrions, dans notre impuissance, que nous écrier : Il est trop tard !

Aujourd'hui il n'est pas encore trop tard, si chacun se pénètre de la gravité de la situation, et s'il veut secouer son indifférence politique pous assurer le salut commun.

Nous pensons avoir fait sentir, d'une part, que les choses restant dans le même état, c'est la révolution passée en France à l'état d'institution définitive, jusqu'au jour de la destruction de sa nationalité ; nous croyons avoir démontré, d'autre part, que le seul moyen d'en finir avec ces secousses qui nous épuisent et de remédier à la désorganisation actuelle, consisterait dans l'établissement d'un gouvernement définitif, assez fortement établi pour résister aux attaques des partis qui se sont jusqu'ici disputé le pouvoir sans fonder rien de stable.

Mais comment arriver à ce régime durable ? par un changement radical dans la conduite des conservateurs. C'est en eux que réside notre dernière chance de salut ; c'est du rôle qu'ils vont jouer que dépend l'avenir de notre pays. Comme ils forment la grande majorité de la nation, seuls ils peuvent créer ce que les partis ont été et sont désormais impuissants à faire : une forme durable de gouvernement qui, en mettant fin à nos révolutions, permettrait d'arriver peu à peu à la réorganisation matérielle et morale de notre pays.

C'est leur manière d'agir qui nous a amenés où nous en sommes aujourd'hui, c'est une modification radicale dans leur conduite politique qui peut seule nous relever.

Qu'ils s'entendent sur le choix d'un mode de gouvernement, et, une fois ce gouvernement établi, qu'ils soient décidés à le soutenir énergiquement contre toute attaque, de quelque côté qu'elle vienne ; alors une nouvelle ère de prospérité s'ouvrira pour la France. Le jour où les partis sauront que le pays a adopté un gouvernement définitif et qu'il veut s'y tenir, le jour où ils seront convaincus qu'ils ne peuvent plus compter sur les conservateurs résolus désormais à ne plus laisser dans leurs mains les destinées du pays, ce jour-là ils renonceront à leurs utopies devant l'impossibilité bien constatée pour eux de les faire triompher désormais. N'y renonceraient-ils pas d'ailleurs, qu'ils ne seraient pas dangereux, à cause de leur petit nombre, contre sept millions de conservateurs bien décidés à défendre et à soutenir le gouvernement de leur choix. Devant une telle attitude des conservateurs devenus à l'avenir dignes de ce nom, les partis changeraient vite de caractère ; obligés de s'incliner devant le gouvernement du pays désormais hors de leurs atteintes, ils se transformeraient bientôt en ces deux groupes qui sont nécessaires au bon fonctionnement d'un pouvoir régulier, l'un stimulant la marche dans la voie du progrès, l'autre servant de modérateur quand la marche en avant prendrait des proportions trop rapides.

Tel est le seul moyen de sortir du cercle dans lequel nous tournons depuis bientôt un siècle.

Mais pourra-t-on décider les conservateurs à s'occuper enfin des affaires publiques ?

Nous ne nous dissimulons pas la difficulté de la tâche à cause de l'indifférence qui est poussée chez eux à un si haut degré, et qu'une centralisation exagérée, jointe à la tactique du dernier gouvernement, n'a fait que développer en les portant à s'occuper de moins en moins de politique. La première chose à faire était de leur montrer que la seule chance de salut est dans leur changement de conduite. Le jour où cette idée aura pénétré dans les masses des conservateurs, nous serons près de la solution.

Ne nous exagérons-nous pas d'ailleurs cette torpeur? Ne commence-t-on pas à comprendre que nous sommes engagés dans une fausse voie ; et les expériences gouvernementales, auxquelles nous nous sommes livrés jusqu'à ce jour, ne sont-elles pas suffisantes pour démontrer que ce n'est pas telle ou telle forme de gouvernement personnifiée dans un parti, mais seulement le gouvernement s'incarnant dans le pays qui peut nous sauver? En regardant vers le passé, n'est-il pas facile aux conservateurs de voir où nous a amenés leur conduite ou plutôt leur manque de conduite politique? 1789, 1793, 1800, 1815, 1830, 1848, 1851, 1870, ne sont-ce pas là autant de dates qui devraient toujours être présentes à leur esprit, pour leur prouver qu'une nation, dont la majorité se désintéresse de tout système de gouvernement pour le laisser aux mains des partis, ne peut que rouler de révolution en révolution, pour aboutir aux plus grands désastres? N'ont-ils pas vu les exploits de la Commune ; ignorent-ils l'existence de l'Internationale ; et la grande levée de boucliers qui s'organise dans l'ombre contre la société ne doit-elle pas stimuler leur zèle et leur faire comprendre qu'ils doivent désormais faire preuve de virilité? Que si un certain nombre d'entre eux, restés jusqu'à présent trop en dehors de la politique, ne peuvent se rendre nettement compte de la situation, les hommes influents, dont la voix a de l'autorité, ne sont-ils pas là pour les éclairer? La presse conservatrice, par ses nombreux organes, ne peut-elle pas entreprendre une campagne décisive dans ce sens? Est-il si difficile d'organiser partout des comités qui, à l'aide de réunions fréquentes, leur inculqueraient cette ardeur qui caractérise les partis, et les détermineraient peu à peu à jouer un rôle actif dans les affaires publiques?

Ce sont là , je le sais, de nouvelles habitudes à donner à la nation. Il était si commode de s'endormir dans le repos! Mais quand il s'agit d'être ou de n'être pas, le sommeil n'est pas de saison ; et, comme en définitive les gens ne sont pas indifférents quand leur intérêt personnel est en jeu , le jour où on leur aurait fait comprendre que tout ce qui leur est cher, leur famille, leurs propriétés, leur vie même est menacée, ils puiseraient dans cette conviction une vigueur dont on ne les aurait pas crus capables.

D'ailleurs, et en présence du nombre d'abstentions qui va croissant à chaque élection [1], le législateur ne pourrait-il pas intervenir utilement? Le droit de l'électeur comporte aussi un devoir : celui de voter. Pourquoi une disposition législative ne priverait-elle pas de la qualité de citoyen celui qui, systématiquement, refuserait d'en remplir les devoirs? ou mieux encore, pourquoi n'infligerait-on pas une amende à celui qui, sans motifs légitimes, ne se rendrait pas au scrutin, comme cela a lieu pour le juré qui ne répond pas à la convocation?

Quoi qu'il en soit des moyens à employer pour secouer la torpeur des conservateurs, une fois ce résultat obtenu, on arriverait sans trop de peine à une entente sur la forme du gouvernement à fonder. Ce sont, en effet, les conservateurs qui, étant essentiellement sceptiques en cette matière, peuvent le plus facilement s'accorder sur le choix à faire. On n'a pas à leur demander de sacrifier l'opinion de toute leur vie pour en adopter une nouvelle puisqu'ils n'en ont pas, mais seulement d'en choisir une. Ce qui, chez les partis existants, exigerait une

---

[1] Aux élections du 8 octobre courant, le chiffre des abstentions s'est élevé à la moitié du nombre des électeurs inscrits.

abnégation qu'il est impossible d'espérer en ce moment où chacun croit être dans le vrai et sur le point de voir réaliser ses espérances, ne demande, de la part des conservateurs, qu'un peu de réflexion et d'énergie.

Bien plus, leur *desideratum*, en politique, a toujours été : Ordre, liberté et progrès pacifique. Or, de quoi s'agit-il aujourd'hui ? Précisément de faire triompher ces principes ; de nous tirer pour toujours du chaos dans lequel nous sommes, et d'assurer cet ordre et cette liberté qui leur sont si chers. Ils étaient incontestablement de bonne foi quand ils croyaient y parvenir en se désintéressant de la forme du gouvernement, et en s'empressant de consacrer immédiatement tout changement de régime. S'il leur est démontré que c'est précisément parce que, en adoptant tour à tour tous les partis arrivés au pouvoir, ils leur donnaient l'espoir de se voir de nouveau consacrés dans l'avenir, que nous sommes toujours menacés d'un coup d'État ou d'un coup de majorité parlementaire ; que c'est, en un mot, leur manière de faire jusqu'à ce jour qui nous a conduits à la désorganisation actuelle, pourquoi ne pas espérer un changement radical dans leur conduite future ? Pourquoi, voyant qu'ils ont suivi une voie qui les a amenés au résultat contraire à celui qu'ils poursuivaient, ne prendraient-ils pas la route opposée ? Seule, elle peut les conduire à ce but qui, depuis quatre-vingts ans, fuit toujours devant eux : la fin des révolutions ! résultat toujours enviable, mais devenu aujourd'hui une question de vie ou de mort pour la France.

La situation n'est donc pas désespérée. Pour sortir du chaos dans lequel nous nous débattons vainement, en attendant qu'une éducation mieux appropriée aux besoins de la France apprenne à nos enfants leurs devoirs de citoyen, il n'y a qu'à vaincre l'indifférentisme politique ; un peu d'activité suffirait, car il n'y a qu'une seule chose à faire pour nous sauver : c'est de convaincre les conservateurs qu'il est temps pour eux d'entrer dans la vie publique, et de se débarrasser de tous les prétendus sauveurs pour sauver enfin eux-mêmes le pays ; c'est de leur montrer que le jour où, réunis en une masse compacte et ayant adopté une forme de gouvernement, ils feront entendre leur grande voix, disant : « Voilà le régime de notre choix que nous entendons soutenir envers et contre tous », ce jour-là tous les partis seront réduits à l'impuissance, l'ère des révolutions sera close et la liberté définitivement établie en France.

Il nous reste quelques mots à ajouter sur la forme du gouvernement à adopter. La forme importerait peu ; l'essentiel, c'est qu'il y en ait une définitivement adoptée.

Les conservateurs doivent-ils devenir légitimistes, orléanistes, bonapartistes ou républicains ? D'après nous, ils ne doivent s'enrôler sous aucun de ces drapeaux, car chacun de ces régimes a un passé qui peut soulever des défiances ou raviver des haines. Les conservateurs étant les plus nombreux, et par suite ayant la puissance, il leur appartient de fonder un mode de gouvernement que nous n'avons pas encore eu en France (précisément parce que ceux-là seuls qui pouvaient l'établir s'étaient jusqu'à ce jour tenus à l'écart) : *le gouvernement du pays par le pays, avec la forme républicaine.*

C'est avec intention que nous parlons de forme républicaine et non pas de République. Ce que nous proposons, en effet, ce n'est pas ce que l'on est convenu d'appeler aujourd'hui la République : c'est le gouvernement du pays par le pays et pour le pays, et non le gouvernement du pays par et pour un parti. Nous demandons un gouvernement, qui loin d'être exclusif, soit au contraire accessible à tous ; nous voulons un gouvernement qui fasse appel à toutes les capacités et, sans se préoccuper du passé, ne repousse les services d'aucun, et non un gouvernement aux yeux duquel le fait d'avoir été condamné pour excitation à la guerre civile soit un titre nécessaire pour aspirer aux fonctions publiques, et sous lequel la qualité d'ancien déporté soit un certificat d'aptitude pour les emplois qui exigent les connaissances les plus approfondies. Nous réclamons un gouvernement qui assure à tous la liberté par la stricte et sévère application des lois, et non un gouvernement sous lequel l'arbitraire mêle le despotisme le plus absolu à la licence la plus dévergondée ! Nous ne saurions vouloir du règne d'un parti qui donne en ce moment la plus grande preuve de son incapacité politique, en déclarant dans tous ses journaux une guerre acharnée à tous les anciens plébiscitaires, au lieu de chercher à se les attirer ; d'un parti qui aurait la prétention de se maintenir au pouvoir contre sept millions d'opposants ! Sous un régime tel que nous le comprenons, c'est-à-dire adopté et *soutenu* par l'immense majorité du pays, il n'y a pas à mettre la France entière en suspicion, tandis qu'avec le gouvernement d'un parti, ne pas apporter la plus grande attention dans le choix des fonctionnaires, c'est risquer d'introduire l'ennemi au cœur de la place.

En un mot, nous demandons la République dans son acception vraie : le gouvernement du pays par le pays, avec la forme républicaine, c'est-à-dire, l'ordre, la liberté et le progrès pacifique, et non la République telle que l'entendent tels ou tels sectaires, qui n'est en réalité que le plus affreux despotisme.

Mais, nous dira tel conservateur : pourquoi choisir la forme républicaine ? Le gouvernement du pays par le pays peut aussi bien s'obtenir avec une monarchie constitutionnelle et le régime parlementaire.

Là forme républicaine nous paraît seule possible, et cela par plusieurs raisons. D'abord, au point de vue philosophique, la République, c'est-à-dire le gouvernement à l'aide de Chambres et d'un pouvoir élu pour une période de peu de durée, suivant par suite fidèlement et sans secousses la volonté du pays, est de toutes les formes de gouvernement la plus rationnelle. C'est incontestablement le régime de l'avenir. Pourquoi dès-lors essayer encore d'un gouvernement transitoire ?

D'ailleurs, il ne faut pas se le dissimuler, la monarchie a perdu une grande partie de sa force au point de vue gouvernemental. Le pays a rompu avec les traditions du passé, il n'a plus le respect de la royauté. Tout se discute aujourd'hui, et le libre examen en politique amène nécessairement à la République. Le temps n'est plus où l'on pouvait considérer les familles royales comme d'une nature supérieure ; les pamphlets et la publication des histoires intimes ou des papiers secrets ont enlevé à la monarchie tout le prestige qui constituait une partie de sa puissance.

Une seconde raison qui milite en faveur de la forme républicaine est l'existence du principe de la souveraineté nationale. Ce principe est essentiellement incompatible avec une monarchie héréditaire. Si, à chaque moment, la nation a le droit ou la puissance de faire acte de souveraineté, à quoi servirait la proclamation du principe de l'hérédité ? et que serait la monarchie sans l'hérédité, qui était autrefois son plus précieux avantage, en ce qu'elle assurait la perpétuité du pouvoir dans la même famille sans secousses pour le pays ?

En outre, la qualité la plus précieuse de la forme républicaine, dans tous les temps et plus particulièrement dans l'époque si troublée que nous traversons, c'est son élasticité qui, par la périodicité des élections, met toujours le pouvoir en communauté d'idées avec le pays, et permet de réaliser toutes les améliorations, sans avoir à craindre de catastrophes. Quand le pays croirait que l'on s'aventure trop dans la voie du progrès, il nommerait aux élections suivantes une Chambre moins avancée, et, à l'inverse si l'on refusait de donner satisfaction à ses aspirations, il enverrait des représentants pour les faire adopter. Avec une monarchie, au contraire, le jour où elle est en désaccord sérieux avec le pays, une révolution peut seule trancher le différend.

Enfin, ne l'oublions pas, la forme républicaine doit d'autant plus être préférée, que, pour emprunter les paroles de l'homme illustre qui est à la tête du pouvoir, c'est la République qui nous divise le moins. Elle est, par suite, de nature à être plus facilement adoptée, non-seulement par les conservateurs, mais encore et avec le temps par les différents partis. Les légitimistes ou les bonapartistes, qui éprouveraient la plus vive répulsion à accepter les uns Bonaparte, les autres le comte de Chambord, se rallieraient au contraire, avec beaucoup plus de facilité, à la République, le jour où ils seraient bien convaincus que le pays a accepté cette forme définitive de gouvernement et ne laisse plus aucune chance à leurs espérances.

Songeons d'ailleurs, au point de vue pratique, que la forme républicaine compte déjà un grand nombre de partisans. Sans doute beaucoup d'entre eux ne trouveront pas leur idéal dans le régime que nous proposons; mais ils se garderont de le repousser, car cette forme de gouvernement ne peut s'opposer à la réalisation de leurs idées qu'en tant qu'elles seraient contraires au sentiment de la nation. Le jour où celle-ci les aura adoptées, leur application se fera tout naturellement et sans troubles.

Nous ne parlons pas, bien entendu, de ceux qui en veulent non au gouvernement, mais à la société. A l'égard de ceux-là, en présence de la forme républicaine donnant toute satisfaction aux aspirations légitimes et ne laissant aucun prétexte à l'émeute, il ne saurait plus y avoir d'équivoque. Ce serait évidemment la société qui serait menacée ; contre de pareils révolutionnaires, elle n'aurait aucun ménagement à garder ; elle devrait être et serait pour eux sans pitié.

Une fois la République bien établie et vigoureusement soutenue par la majorité du pays, le gouvernement désormais hors de discussion, et la France à l'abri des catastrophes, tout reprendrait bien vite son cours normal ; les élections se feraient sans arrière-pensée ; on ne verrait plus des candidats notoirement incapables l'emporter sur des concurrents bien supérieurs, et cela par cette seule raison que les questions d'administration disparaissent devant la question de forme de gouvernement. (L'assemblée actuelle elle-même, composée incontestablement en grande majorité d'hommes de haute valeur, eût rendu de bien plus grands services si les questions de constitution n'avaient pas été en jeu. Certains votes eussent même été complétement différents si, au moment de déposer son bulletin dans l'urne, tel ou tel député n'avait pas craint de faire les affaires du parti opposé ou de lui donner des gages.) La réorganisation du pays serait déjà très-avancée, la prospérité renaîtrait de tous côtés, et ce jour-là, mais ce jour-là seulement, nous serions enfin débarrassés de ce cauchemar qui fait peser sur nous, en présence de l'incertitude de l'avenir, la prolongation de ce provisoire qu'un rien peut anéantir.

Nous avons terminé.

Nous croyons avoir établi que la France se trouve aujourd'hui dans une situation des plus critiques, et qu'elle est condamnée, si l'on n'avise au plus tôt, à disparaître du nombre des nations, après avoir passé par des bouleversements de plus en plus terribles. Nous nous sommes efforcé de démontrer qu'il n'y avait pas de salut à attendre de l'avènement au pouvoir d'aucun des partis qui existent actuellement, et que la situation présente, amenée par les fautes des conservateurs dans le passé, ne peut être sauvée que par ces mêmes conservateurs, si — changeant complétement de ligne de conduite, rompant définitivement avec leur indifférence et leur apathie d'autrefois, et ne se bornant pas à acclamer une nouvelle forme de gouvernement pour l'abandonner une fois établie — ils entraient décidément dans l'arène politique, prenaient virilement en mains la conduite des affaires publiques, en appelant à eux tous les hommes de bonne volonté, et réalisaient cet idéal du gouvernement du pays par le pays avec la forme républicaine, seul moyen d'en finir avec les révolutions et d'arriver à la réorganisation matérielle et morale du pays, qui ne saurait s'obtenir que par le trait du temps.

Tel est le résultat de nos méditations que nous livrons au public, en conjurant tous ceux qui partageront nos idées de se mettre activement à l'œuvre pour les propager. Nous ne nous dissimulons pas la difficulté de les faire triompher, car nous venons nous heurter contre l'esprit de routine et l'indifférence politique de la majorité de nos concitoyens ; mais nous sommes si profondément pénétrés du danger qui nous menace, que nous croyons devoir pousser un dernier cri d'alarme en signalant l'écueil vers lequel nous courons nous briser, et en indiquant ce que nous croyons devoir être le seul moyen de l'éviter.

Nous devons l'avouer toutefois, il est un fait important qui nous donne l'espoir que notre travail ne sera peut-être pas tout-à-fait inutile. Quand nous voyons M. Thiers, qui occupe aujourd'hui à la tête de la France une de ces situations uniques dans l'histoire et suffit à une tâche qu'aucun des prétendants n'a osé entreprendre ; quand nous voyons, disons-nous, M. Thiers adopter la forme républicaine et trouver dans son patriotisme, lui le champion de la monarchie parlementaire, la force de rompre avec les idées de toute sa vie pour accepter la forme de gouvernement qu'il croit le mieux appropriée à notre pays, combien ne devons-nous pas espérer qu'un exemple venant de si haut trouvera de nombreux imitateurs! Les conservateurs pourraient-ils hésiter, alors qu'ils n'ont même pas à faire le sacrifice de leurs opinions passées? La conduite de cet illustre vieillard, usant sa vie pour son pays et lui consacrant les dernières années qui lui restent, ne serait-elle pas faite pour couvrir de confusion ceux qui préféreraient se renfermer dans une tranquillité aussi dangereuse qu'égoïste, plutôt que d'apporter leur concours au grand œuvre du salut de la France?

APPENDICE

LE PARTI CONSERVATEUR ET LA SITUATION ACTUELLE,
par M. Paul Garbouleau.

Le 8 octobre dernier, M. Garbouleau publia une brochure remarquable : *la République, l'Assemblée constituante et le Parti conservateur.* Dans ce travail—auquel ici même nous avons applaudi—étaient prévus et conseillés le pacte de Bordeaux et la sage politique de M. Thiers.

Comment ce même publiciste, ordinairement si judicieux, a-t-il pu écrire la nouvelle brochure *le Parti conservateur et la Situation actuelle?* C'est ce qui serait inexplicable, si l'on ne savait que les esprits les plus logiques et les plus éclairés sont ceux qui s'égarent le plus lorsqu'ils partent d'une donnée fausse, parce que leur logique et leur intelligence leur fournissent des arguments qui les font persister et pénétrer plus profondément dans leur erreur.

«Le parti conservateur a été battu aux dernières élections ; il doit » modifier sa ligne de conduite s'il veut conserver un reste de son an- » cienne influence.

» C'est, dit M. Garbouleau, ce que nous nous proposons d'examiner ici. »

Ces assertions, selon nous et contrairement à l'opinion de M. Garbouleau, paraissent contenir de nombreuses erreurs.

Et d'abord, les conservateurs constituent-ils un parti?

M. Garbouleau, dans une précédente brochure, a pris le soin de répondre à cette question, et nous acceptons pleinement sa réponse.

«Les conservateurs, nous dit-il, se composent de tous les gens d'or- » dre, qu'aucune forte conviction politique ne rattache à telle ou telle » forme de gouvernement: ils se rallient à celle qui leur offre le plus » de garanties pour l'ordre et la sécurité. Comme ils sont les plus nom

» breux en France, ils assurent le pouvoir au gouvernement qu'ils appuient. »

Les conservateurs ne constituent donc pas un parti, et s'ils sont le nombre et la force, comment pourraient-ils être battus dans une élection?

Si M. Garbouleau veut dire que tel comité a été battu, que les candidats du choix de ce comité n'ont pas obtenu la majorité des suffrages, je suis de l'avis de M. Garbouleau ; mais je ne vois là que l'échec de quelques individualités témérairement lancées dans une voie où — à tort ou à raison — la nation conservatrice n'a pas voulu les suivre.

La ligne de conduite des conservateurs doit-elle être modifiée? Doivent-ils, comme le conseille M. Garbouleau, arborer un drapeau, monarchique ou républicain? Assurément non.

En politique comme en philosophie, tout système est faux parce qu'il est système, parce qu'il n'existe point de vérité absolue ; la force des conservateurs est dans l'absence de tout système politique, dans cette liberté d'action qui leur permet de voter avec tel ou tel parti, dans la faculté merveilleuse donnée aux masses pour saisir la vérité du moment.

Une erreur serait-elle possible, qu'importe ! tout le monde a raison quand tout le monde a tort.

Les conservateurs, c'est la nation, abstraction faite de quelques hommes de parti, rouges ou blancs, fort peu nombreux du reste.

Nous, les conservateurs, nous sommes les sept millions de voix données à l'empire ; hier nous avons triomphé avec les monarchistes, aujourd'hui avec les républicains.

Nous ne voulons pas être enregimentés ; nous ne voulons recevoir le mot d'ordre d'aucun parti. Tous, ils auront à compter avec nous, parce que la victoire sera toujours du côté où se porteront nos gros bataillons.

Nous sommes et nous voulons rester des électeurs libres et indépendants, n'ayant d'autre intérêt que celui de la France, persistant, par des votes contradictoires en apparence, dans une politique conservatrice perpétuellement compromise par les hommes de parti.

Vos brochures, vos journaux, vos comités n'y feront rien. — Lorsque par un heureux hasard vous vous trouverez dans le courant des idées de la nation, ce courant pourra soulever vos hommes et les porter sur les flots, mais vous ne le dirigerez point, et jamais vous ne pourrez lui creuser un lit.

A nous, conservateurs, la forme du gouvernement importe peu ; République ou Monarchie, pourvu que sur le drapeau soit inscrite cette devise : Ordre et liberté.

En un mot, les partis font les coups d'État, les conservateurs font les gouvernements.

Ces vérités, M. Garbouleau les connaît mieux que nous; lui-même nous les a apprises dans un précédent écrit; pourquoi donc aujourd'hui paraît-il changer de thèse? C'est que sa brochure a été faite pour dire ce qu'elle ne dit point; c'est que l'auteur veut nous voir lire, non ce qui est imprimé, mais ce qu'il nous laisse à deviner; c'est qu'il a compté que la malignité individualiserait ce qu'il a pris beaucoup de soin à généraliser; c'est que, voulant attaquer des abus, il aurait dû les attaquer hardiment, ouvertement; — et voilà comment les meilleurs esprits se trompent.

Nous nous résumons, et, contrairement à l'opinion de M. Garbouleau, nous disons :

Les conservateurs ne constituent pas un parti, ils sont la nation; aux dernières élections ils n'ont pas été battus, puisqu'ils se sont portés en masse sur les candidats qui leur ont paru se rapprocher le plus de la politique conservatrice de M. Thiers, alors menacée par la politique révolutionnaire des monarchistes.

Leur devoir est de rester encore dans l'expectative, d'attendre le moment suprême où ils devront se prononcer; alors, en dehors de tout esprit de parti, de tout système préconçu, pesant les garanties d'ordre et de liberté, jugeant les gouvernements sur les œuvres, les conservateurs se prononceront, et ils se prononceront avec intelligence, j'en suis convaincu.

Ayons confiance dans la sagesse de l'esprit public. Il vaut mieux, pour notre bonheur, mettre en avant des espérances qui nous animent que des craintes qui nous découragent; l'avenir trompe aussi souvent nos craintes que nos espérances.

Félix Devel.

LE PARTI CONSERVATEUR.

—

Nous recevons de M. Garbouleau la réponse suivante, à l'article bibliographique de M. Devel qui a paru dans notre avant-dernier numéro :

A Monsieur le Directeur du MESSAGER DU MIDI.

MONSIEUR LE DIRECTEUR,

Je viens de lire dans le *Messager* de ce matin un article sur la brochure que j'ai publiée, ces jours derniers, sous le titre de : « *le Parti conservateur et la Situation actuelle.* »

Je n'y aurais pas répondu s'il ne contenait un passage renfermant des insinuations qui sont si opposées à mon caractère et à mes habitudes, que je ne puis les laisser passer sans protestation. Je tiens à ce que vos lecteurs et M. Devel lui-même, s'il l'ignore, sachent que j'ai toujours eu pour principe de dire nettement ma pensée; que lorsque je veux « attaquer des abus, je les attaque hardiment et ouvertement; » que je ne compte pas sur la malignité publique pour lire non ce qui » est imprimé, mais ce que je laisse deviner; et qu'enfin ma brochure » n'a pas été faite pour dire ce qu'elle ne dit point. » Non, j'ai signalé l'organisation défectueuse des comités, et j'ai relevé les fautes politiques qu'ils ont, selon moi, commises aux dernières élections ; mais ce n'était pas pour critiquer les comités conservateurs que j'ai publié ce travail; j'avais un but moins mesquin : celui de signaler le danger, et d'indiquer ce que je croyais être un moyen de l'éviter. Que « j'aie été dans l'erreur et que j'y aie été très-profondément », c'est bien possible; mais je dois avouer franchement que c'est volontairement que j'y suis tombé, et je ne puis saisir la perche que M. Devel veut bien tendre à mon amour-propre de publiciste.

Puisque je tiens la plume, voulez-vous me permettre, Monsieur le Directeur, d'ajouter quelques lignes sur le fonds de la question.

Je suis embarassé pour répondre à M. Devel, car son article ne me paraît qu'une suite de propositions contradictoires. Il commence par approuver pleinement ma brochure du mois d'octobre dernier, et il se demande comment j'ai pu écrire aujourd'hui : *le Parti conservateur et la Situation actuelle.* J'en suis à me demander à mon tour si, à force de

chercher à lire entre les lignes pour y voir ce qui n'y est pas,
M. Devel ne finit pas par ne pas voir ce qui y est. C'est que, en effet,
les conclusions des deux brochures sont identiques. Dans la première,
j'invitais le parti conservateur à changer complétement d'allures. Je
disais à la page 14 : « Que ce parti fasse aujourd'hui un grand acte
» patriotique *en prenant nettement une couleur politique;* qu'il devienne
» *le grand parti républicain;* qu'avec l'aide des honnêtes gens de l'an-
» cien parti de ce nom, il fonde la République française en répudiant
» hautement et énergiquement tout appui de la part des fauteurs de
» désordre et d'anarchie. » Quel est l'objet de ma dernière brochure?
C'est de signaler au parti conservateur les dangers qu'il court en
tardant plus longtemps à arborer un drapeau politique.

La définition que je donnais du parti était la définition de ce qu'il
était et de ce qu'il est encore, mais non de ce qu'il devrait être d'après
moi, puisque je n'avais eu d'autre but, dans mes deux écrits, que de
l'engager à devenir un parti, et un parti militant.

Si je vais plus loin et si j'examine les théories que professe M. Devel
au sujet du rôle des conservateurs, je m'arrête effrayé devant l'avenir
des plus funestes qu'elles prépareraient à notre pays si elles devaient
être suivies. D'après M. Devel, « en politique comme en philosophie
» tout système est faux parce qu'il est système, parce qu'il n'existe
» point de vérité absolue ; la force des conservateurs est dans l'absence
» de tout système politique, dans cette liberté d'action qui leur permet
» de voter avec tel ou tel parti, dans la faculté merveilleuse donnée aux
» masses pour saisir la vérité du moment.....................

» Les conservateurs, c'est la nation, abstraction faite de quelques
» hommes de parti, rouges ou blancs, fort peu nombreux du reste.

» Nous, les conservateurs, ajoute-t-il, nous sommes les sept millions
» de voix données à l'empire; hier nous avons triomphé avec les mo-
» narchistes, aujourd'hui avec les républicains.

» Nous ne voulons pas être enrégimentés ; nous ne voulons recevoir
» le mot d'ordre d'aucun parti. Tous, ils auront à compter avec nous,
» parce que la victoire sera toujours du côté où se porteront nos gros
» bataillons. »

Tout est donc pour le mieux ; puisque les conservateurs font la loi,
et que rien n'arrive que suivant leur volonté, il n'y a qu'à suivre les
errements du passé. Pendant que les autres partis s'enrégimentent et
marchent comme un seul homme au scrutin, les conservateurs doivent
donc continuer à se désintéresser de tout système politique. Pourquoi
deviendraient-ils un parti? Ne vaut-il pas mieux qu'ils soient éternel-
lement ballottés par ces quelques hommes rouges ou blancs, fort peu
nombreux, d'après M. Devel? A quoi bon des comités directeurs cher-

chant à éclairer les conservateurs et à stimuler leur zèle? N'est-il pas préférable que, par leur abstention, ils laissent faire l'insurrection du 18 mars? Qu'est-il besoin de discipline dans le parti? N'y a-t-il pas lieu d'être satisfait de ce que, aux élections complémentaires de Paris, la majorité est acquise à ceux qui ont plus ou moins pactisé avec la *Commune?*

Que les conservateurs se gardent donc bien de s'arrêter à une ligne de conduite et à des idées de suite en politique, et qu'ils soient légitimistes aujourd'hui, orléanistes demain, républicains dans huit jours, pour que nous n'arrivions jamais à sortir de ces convulsions politiques qui nous agitent depuis quatre-vingts ans!

Ah! vous n'êtes jamais vaincus et vous ne pouvez pas l'être, dites-vous, puisque vous êtes la majorité; mais alors regardez en arrière, et, contemplant vos victoires, félicitez-vous des résultats obtenus. Vous avez acclamé 1830 et vous avez érigé la colonne de Juillet, pour, dix-huit ans plus tard, établir la République; trois ans après, vous applaudissiez au coup d'État qui la renversait; en 1852, vous adhériez à l'empire par 7 millions 500,000 voix; vous les lui redonniez en 1870 pour en arriver à la révolution du 4 septembre et aux horreurs de la Commune de Paris. Quels brillants trophées depuis un demi-siècle! Ne doit-on pas dormir tranquille à l'ombre de pareils lauriers? En présence de triomphes si souvent répétés et de la solidité du gouvernement qu'ils ont amené, peut-on être assez aveugle pour trouver que tout n'est pas pour le mieux? Comment peut-on chercher à modifier les errements des conservateurs et à fonder quelque chose de durable?

Non, non! pas de modifications dans la conduite politique des conservateurs, pas de parti, pas de comité, pas de discipline! Pourquoi prendre une couleur politique, pourquoi s'arrêter enfin à une forme de gouvernement? Ne vaut-il pas mieux laisser les choses suivre leur cours pour aboutir aux révolutions militaires du bas-empire ou aux *pronunciamentos* de l'Espagne ou du Mexique?

Quand les conservateurs auront porté leurs sept millions de voix à tel général qui aura été acclamé par l'armée, en attendant le jour de reporter ces mêmes sept millions de voix sur cet autre général qui aura détrôné le premier; quand ils auront ainsi, et partout et toujours, sanctionné le fait accompli, n'auront-ils pas la satisfaction de se dire que la victoire est toujours du côté où se portent leurs gros bataillons?

Comment M. Devel a-t-il pu écrire cette phrase : « les partis font les coups d'État, les conservateurs font les gouvernements », sans s'apercevoir immédiatement que là est la cause du mal qui ronge notre pays et le pousse à sa perte? C'est précisément parce que les conservateurs *font les gouvernements*, et que, en l'absence de principes politiques nettement arrêtés, ils ne fondent ni ne peuvent *fonder aucune forme défi-nitive de gouvernement,* que nous allons sans cesse de la monarchie à la République et de la République à la dictature.

Voulez-vous que je vous dise pourquoi nous n'arrivons à rien de stable? C'est parce qu'il y a en France un parti conservateur de sept millions d'électeurs qui n'ont encore adopté définitivement aucune forme de gouvernement.

Ce sont les conservateurs, et uniquement eux, qui sont responsables de toutes nos révolutions, car ce sont eux seuls qui les rendent possibles. C'est précisément parce qu'ils ne s'attachent à aucun système politique, c'est parce qu'ils sont tantôt blancs, tantôt bleus, tantôt rouges, et qu'ils donnent tour à tour des espérances à tous les partis, c'est enfin parce qu'ils ont appris aux partis extrêmes que le fait accompli est toujours sanctionné par sept millions de suffrages, que ceux-ci n'hésitent pas à préparer leurs *journées.*

Pourrait-il y avoir encore des révolutions en France si les sept millions de conservateurs s'entendaient pour choisir, une fois pour toutes, un système de gouvernement, la forme républicaine, par exemple, puisqu'elle existe de fait aujourd'hui? Y aurait-il des partis assez fous pour chercher à s'emparer du pouvoir par un coup d'État ou par un coup de majorité parlementaire, alors qu'au premier vote ils seraient rejetés dans le néant?

Je m'arrête. Ces idées, que je me borne à indiquer, recevront leur développement dans un troisième écrit que je me propose de publier en son temps, sous le titre : « *le Parti conservateur et la Fin des révolutions.* » Mais je dois prévenir M. Devel qu'il peut d'ores et déjà préparer pour son compte rendu une nouvelle étude psychologique sur ma décadence intellectuelle, car je lui déclare, en toute sincérité, que, malgré ses critiques, je persévère de plus en plus *dans mes erreurs.*

Montpellier, le 3 août 1871.

P. GARBOULEAU.

A Monsieur le Directeur du Messager du Midi.

Monsieur le Directeur,

Je viens de lire avec attendrissement la lettre de M. Garbouleau en réponse à l'article bibliographique sur sa brochure : *le Parti conservateur et la Situation actuelle.* Je le déclare, c'est sans le vouloir que je lui ai fait de la peine; mais c'est en le voulant bien que, dès les premières lignes, j'ai écrit que M. Garbouleau était un excellent esprit, un publiciste ordinairement judicieux, qui, dans un précédent travail, avait prévu et conseillé le pacte de Bordeaux et la sage politique suivie aujourd'hui.

N'avais-je pas couché M. Garbouleau sur un lit de roses avant de m'armer du scalpel? — Mais quoi! — Il y avait une feuille pliée qui l'a blessé.

Je retire la feuille pliée.

Quant à mes arguments, je ne les retire point; ils restent debout sans avoir à les consolider par une nouvelle dissertation fatigante pour vos lecteurs.

M. Garbouleau termine sa lettre en nous menaçant d'une troisième brochure. Nous ne la craignons pas ; un bon averti en vaut deux. Nous la lirons au contraire avec plaisir, comme tout ce qui sort de la plume de cet écrivain, et nous l'apprécierons avec notre modération habituelle.

Recevez, etc.

Félix Devel.

———\~\~\~———